お寺は何のためにあるのですか？

撫尾巨津子

法藏館

お寺は何のためにあるのですか？　目次

Ⅲ　仏教の教えとは、どんな教えですか？……61

V　子どもたちに、そしてあなたに伝えたいこと

Ⅰ　お寺は何のためにあるのですか？

一、お寺は何のためにあるのですか

お寺は、歴史遺産として、見学・観光するためにあるのでしょうか？　近所のお寺は、葬式や法事を行うだけの場所でしょうか？　お墓や納骨堂で死者を預かっているだけの場所でしょうか？

いいえ、お寺は、いま生きている私たちのためにあるのです。

本来、お寺は、仏の教えを伝道する場です。そして、その教えを聞き、その教えを喜び、その教えを生きる指針とする門信徒の方がたが、明るく楽しく集う場所です。だから、決して「死」のみに関わる暗い場所ではありません。

また、生真面目で、敷居が高く、肩が凝るところでもありません。仏さまの前で、きれいごとではなく、本音で人生の悩みや愚痴を話せる場所、そして仏法に出遇い、自分の心をやわらかく整える場所、それがお寺です。

お寺は、そういう門信徒の方がたが先祖代々、護り支えてこられた仏教の道場なのです。だから、葬儀や法事をすることだけが、お寺の務めではありません。お墓や納骨堂の管理をすることだけが、お寺の務めではありません。仏の教えを聞く仲間の集う場所であること、それがお寺の第一の存在理由です。

お寺では、仏法を聞くための「法座」と呼ばれる集いが、たびたび開かれています。美容エステやスポーツジムで体を磨かれることも結構ですが、たまには心の内面に目を向け、「心のエステ」のために、お寺にお話を聞きにおいでになりませんか？

そうお誘いしても、足を踏み入れることに抵抗があるのが、お寺の法座だろうと思います。

まず、エリートと呼ばれる人ほど、「偏差値の高い私が、お寺で坊主の話など聞けるか」と思われるかもしれません。地位や名誉、さらにはお金を求める人は、「抽象的なきれいごとを聞いても、自分の実生活には何の役にも立たない」と思われるかもしれません。若い人は、「お寺の法座は、年寄りの行くところで、若い自分たちには関係ない」と思われるかもしれません。

でも、自分の思い込みやイメージだけで既成仏教を敬遠しないで、お寺に足を運んでみてください。そして、「一度行ったけど楽しくなかった」「一度聞いたけど話がわからなかった」と、再び敬遠してしまわずに、繰り返し話を聞いてみてください。

仏教は即効薬ではありません。一度服用した（聞いた）から効いた（わかった）ということにはなりません。仏さまに心を育てていただくのですから、体質改善薬のように時間がかかります。繰り返し仏法を聞いて、仏さまに出遇い、本当の幸せ、やすらぎに、気づいていただきたいと思います。

お寺を「歴史の遺物」にしてしまわないでください。死者に関わることだけがお寺の役目だと思いこまないでください。死んでから初めてお寺に行き、納骨されるのでは、間に合いません。ぜひ、若いうちに親しい「かかりつけの寺院」「仏法を共に聞く一生の友人仲間」をもってください。

お寺は、生きている私たちが仏に出遇い、心をやわらかく整える場所。
そして、安心して生き、安心して死んでゆける生死をこえる教え、
仏の願いを聞いてゆく場所。
いま生きているこの私の「いのち」を問う場所が、お寺なのです。

二、既成仏教は現代社会に合わない時代遅れの教えなのでは?

何百年も昔から続く既成仏教を、二十一世紀に合わない古い教えだと思いこんでいませんか?

科学技術は日々ものすごい速度で進歩していますが、現代人が、昔の人に比べて科学技術の進歩とともに人間性も向上しているなどということは、残念ながらありません。

たしかに私たちは、たくさんの情報、知識をもっています。賢くなったように錯覚しています。しかし、知識が豊富であることと、心が豊かであることは、必ずしも一致しません。豊富な知識と豊かな物量で幸せになることができるのならば、大昔の人たちよりも現代の私たちのほうが、ずっとずっと幸せなはずです。

でも、本当にそうでしょうか。私たちは幸せを実感しているでしょうか。

時代とともに生活形態が変化し、科学技術が進歩して、どんなに便利な世の中になっても、どんなに経済的に恵まれていても、人間の考えることは、いつの時代も変わりません。

いつの時代であっても、自分の外にばかり幸せを求めていては、幸せにはなれません。

自分の心がやわらかくなければ、幸せは感じとれないのです。

だから、既成仏教が古くて、今の時代に合わないということは、決してありません。仏教は、本当の幸せ、本当の心の豊かさを説く教えなのですから。

私自身、いつのまにか中年になりましたが、精神的にはきわめて未熟者です。昔の人は、苦労が多かったぶん、今の私よりもずっと「おとな」だったのだろうと思います。

平和で豊かな日本に生まれ、たいした苦労もなく年を重ねてきた戦後生まれの私は、いちだんと自己中心性が強い傾向にあるように思います。もちろん精神面の成熟度は人それぞれですから、時代や年齢とは関係ないのかもしれません。でも、やはり現代の大人は幼稚化しているような気がします。

さて、ここで言う「自己中心性」とは、たんなる「わがまま」というだけの意味ではありません。自分中心の思い、考えにとらわれる傾向が強いということです。

現代は大多数の人が、まったくと言っていいほど、本物の宗教にふれないまま大人になっています。だから、仏教ならぬ「自分教」の人ばかりです。自分教とは、自分を離れた視点をもたない、自分の主観信奉者のことです。

そのような自分教の人たちが陥りやすい傾向というのがあります。

第一は、自分がどれほど周囲の大きなお陰に支えられて、生かされて生きているかということに気づかず、自分は自分の努力だけで生きていると思っています。

「何を言うか、私はちゃんと周囲の人たちに感謝している」と反論されるかもしれません。でも、たぶんその人の言う「周囲」とは、自分に直接関わり、自分にとって親切な人、世話をしてくれる人、交流してくれる人のことで、自分が気づかない文字通りの「お陰さま」にも支えられて生きているということに気づいていないのです。

第二には、自分の視野で見る世界がこの世のすべてだと思い、その思いこみの価値観が、この世の常識・正義だと思いがちです。

人間として正しく、美しく生きるためには、共通ルールとしての倫理、道徳、常識は、たしかにあるでしょう。

ところが、私たちは、自分が生まれ育ち、身につけてきた価値観や自分の思いまでもを、すべて常識と思いこみます。だから、やっかいなのです。この世に常識は一つしかないと思っている。その思いこみによって、自分の価値観から外れたことがあると、相手を非常識だと非難してしまうのです。

また、学校でよい成績をとり、社会的に高い地位にあり、周囲から羨望のまなざしを受け続けてきた人の中には、対外的には謙虚なふりをしていても、内心では「自分は教養があり、常識があり、視野が広く、心が広い」とうぬぼれ、自分をいつも正しいと考えているような傾向があります。

第三には、トラブルにぶつかったとき、プライドが高すぎるために、自己保身の言いわけをしたり、自分の正当性を主張することが多くなります。また、自分の思い通りにならないことに対して、それを乗りこえていく心の力が弱い傾向があります。

人生が順調なときは、それが当たり前だと思って生活していますから、思いもかけない出来事に遭遇したときには茫然自失して我を失ってしまい、その状態から抜け出せないいまとなります。

まさかの災難、悲劇に遭遇すれば、だれでもショックを受け、悲しみ、動揺しますが、自分教で生きている人は、そのときの心の落ち込みが、より深刻になっているような気がします。日ごろから、心の危機管理がまったく意識できていないからです。

また、あまりにも責任感が強く、生真面目なため、自分を追い込みすぎて心の病に苦しんだり、最悪の場合は自殺する人もいます。

自殺者の増加も、たいへん深刻な問題です。これも、現代人の中に、仏教がなく自分教の人が多いためではないでしょうか。私にはそのように思えて仕方ありません。

なにか特別に確固たる宗教をもっていなくても、立派に生きている人は、たくさんいます。しかし、人間は、そういう自分教、つまり自分の考えに固執する考え方に陥りがちな危うい存在なのだということを、しっかり自覚してもらいたいのです。その自覚をうながすのが、本物の宗教です。

私たちには、狭い思いこみの自我をやわらかくときほぐし、視野をひろげてくれる教えが必要なのではないでしょうか。

仏教を学ぶことで、自分の周りを宇宙が回っているかのような視野の狭い生き方、考え方から、自分は宇宙の一員として大きな恵みの中に生かされ、生きているのだという、宇宙のいのちを生きる視点に、大きく転換されるのです。

私は広大な宇宙の中に生きている
とても小さな存在だけれども
一つひとつ代わりのない
とても大切な
大きな宇宙の

いのちを生きている

自分の小さな理性をこえる、大きな価値観を教えるのが、本物の宗教です。

現代の日本では、本当のことを教えてくれる宗教までもが否定されています。わずかに季節の行事として、形のみ残されているような現状です。

家庭内では、道徳上のしつけはなされても、宗教教育は忘れ去られています。いや、道徳教育の根底にある心は、突き詰めれば宗教心なのではないでしょうか。

「〇〇しては、いけません」というような表面的な道徳だけを教えるのでは、なかなかしつけは身につきません。心に響かないからです。

だから、自分の快不快、自分の欲望、自分の都合優先という、小さな「我」の世界だけで言動する自己中心的な人が増えたのではないでしょうか。

狭い価値観で物事を考え、何事も自己優先なため、家庭内ですら、家族がお互いを思いやり、感謝しあうということが、減ってきているように思います。

また、努力さえすれば何でも自分に都合よくいくと思っているために、自分の思い通りにならないことへのいらだちが強く、挫折に弱くなっています。

いのちの実感がないから、自分のいのちも、人のいのちも軽んじる。そのような人が増えているように思います。

言うまでもありませんが、「自分さえよければ」という人ばかりになったら、間違いなくこの世は滅亡します。そこには、過去・現在のお陰さま、ご恩に感謝する謙虚さも、未来を思いやるやさしさもないのですから。

自分の一生という現世の短い時間だけではなく、自分が生まれるはるか昔から、そして自分が死んだ後まで、ずっとつながる長い時間の流れの中で、大きな視点をもつことを教えてくれる教えが、仏教です。

既成仏教を、現代に役に立たない教えと思いこまないでください。本物の教えだからこそ、今まで大切に受け継がれ、続いてきたのです。

仏教は、現実の心のあり方、本当のことを教える宗教です。非現実ではなく、あやしげでもなく、まじない、占いでもありません。なんら科学と矛盾するものではありません。また、一生懸命に狂信するものではありません。むしろ狂信を離れる教えです。

仏教に学ぶということは、凝り固まった自分中心の思いこみや考え方が、やわらかく揉みほぐされ、本当の豊かさと幸せに気づかせてもらうことなのです。

仏さまにお願いごとをする人は多いが

仏さまが私に何を願われているのか
気づく人は少ない
仏のこころを聞く
仏の願いを聞く
仏の願いが私のこころにしみる
　それが信心

　私が「自分に都合のよいこと」を仏さまに願うのが仏教ではありません。仏さまが私を悟りに導こうとされていることに気づく、仏法（仏の願い）を聞く、それが仏教であり、信心なのです。

三、「宗教の違いで紛争が起こるじゃないか。宗教は困ったものだ」と、大方の無宗教的日本人は思っています。

宗教の違いで紛争が起こっているというのは事実です。しかし、それは宗教そのものが悪いわけではありません。「その宗教を信じている自分が正しい」「自分こそが正義だ」という思いこみが、紛争を起こしているのです。

一神教の教えは、唯一絶対の神との契約、信仰ですから、信者の心が排他的傾向になるのは理解できます。

しかし、やられたらやりかえせ、異教徒を殺してもかまわないという神が、どこにいるでしょう。そんな許容量のない、身勝手な神は、信ずるに値しないはずです。

彼らの神は、本当にそんなことを望んでいるのでしょうか。きっと、

「おいおい、お前たち、与えられたいのちを粗末にし、お互いを殺し合うとは、なんという愚かなことをしているのだ。過ちは詫び、過去の恨みは忘れ、お互いを許し合い、認め合い、共に生きてゆく努力が、どうしてできないのか。神の名のもとに人を殺し傷つけるとは、なにごとだ」

と、たいへん怒り、悲しんでおられることと、私は思うのです。

一見、宗教戦争に見えるもの、あれは宗教の名を借りた自分の主義主張、利害対立の争いです。神の教えそのものの争いではないはずです。

仏教では、まず、「人間は、自分が常識、自分が正しいという思いこみに陥りやすい存在であると、よくよく自覚しなさい」と教えています。だから、「この宗教のみが正しく、正しい宗教を信じている私が正しい」と、ガチガチに信心するのは、仏教の教えには反します。

仏教は、一つの思想に凝り固まる信心ではありません。むしろまったく逆に、執着を離れることを教えるのが仏教です。

仏さまからご覧になれば、私もあなたも己の思いにこだわり、人を裁いてばかりいる愚かな人間なのです。お互い自分に都合のよいことばかりを願うのです。自分の愛するものしか大切にできないのです。人間に一方的な正義はありません。お互いさまです。

そんな私たちが、お互いに共存していくためには、許し許される寛容さが必要です。怨み、憎しみ、凝り固まった自分の正義を、なんとか乗りこえなければ、永遠に怨みの報復は繰り返されます。

憎しみを超えるには、仏さまの視点が必要です。

この先、人間の正義による争いを終結させるのは、仏の智慧と慈悲でしかないように思います。

四、宗教は危険なもの？

　無宗教であることが、理知的、インテリであると誤解している人が多くいます。

「宗教は、心の弱い人が信じる困ったものだ」

「人生の敗北者が、すがるものだ」

「人間は、宗教がなくても、倫理・道徳で立派に生きていける」

と、自分の理性を指針に生きていく人たちです。

　でも、人間の理性ほどあてにならないものはありません。なぜなら、自分の価値観に基づく自分勝手な思いが混じるからです。

　人間は、どうしても自分に甘くなります。自分の理性で生きる目標、理想をかかげても、自分流の濁りがあります。自分の濁りを映し出す鏡をもたないと、自分を是とする傲慢な生き方になりがちです。

　その傲慢に気づくためには、世俗に染まる私の価値観を超えたもの、私を導く絶対の真理・美しいものを、心にもたねばなりません。

外国で無宗教の人が信用されないのは、そこにあります。「あなたは自分を顧みる心の鏡をもたない、そんな傲慢で節操のない人なのか」と。

目標、理想は、あくまで自分の偏った自分流の理性を超えたもの、だれもが尊いと仰ぐ、汚れのない純粋な真理・法でなければなりません。自分の理性を頼りにしていては、人間は安易なほうに流されやすいからです。自分を正義とし、自分の思いで暴走しがちだからです。

仏教は、自分の我執を離れることを説く教えですから、「この教えこそ正しく、他の価値観に生きる人は間違いだ」というガチガチの我の信心ではありません。ガチガチの我を揉みほぐし、ガチガチの我を離れる教えです。

仏教は、私が、狭い自我を超えて、量り知れない大きな仏の価値観に目覚めること、私という一個人のちっぽけないのちではなく、長い長い時間の流れと広大な宇宙に含まれる大きないのちを生きることを教えてくれるのです。

私たちは、幸い人間に生まれ、いま生きています。それは、宝くじに当たる確率どころか、気の遠くなるようなわずかな確率、それこそありえないほどの不思議な縁で、いま「私」という人間が生きています。いま私が生きていること自体、奇跡なのです。

人間に生まれたということは、仏法、仏さまの教えに遇うことができるチャンスに恵まれたということです。

仏法を聞いていく中で、自分だけが楽をして、儲かることばかり考える人生、都合の悪いことはすべて他人のせい、世の中のせいにし、愚痴を垂れ流す空しい人生、人を妬み、自分だけが不幸だと嘆く人生が転じられるのです。

仏・真如に心のアンテナを向けて、この人生を明るく強く生きぬきましょう、お陰さまのいのちを生きましょうというのが、仏教です。

悟りを最終目標と歩む、スケールの大きな人生が開けるのです。

仏法に出遇ったら、私たち一人ひとりが、輝いて生きることができます。価値のない人間なんて一人もいません。仏さまに護られながら、私自身も仏を目指して生きていくのですから。

ただ、ここでまた誤解しないでください。仏を目指して生きるなどというと、ひたすら禁欲の真面目な生活、息が詰まりそうな堅苦しい生き方をイメージされるかもしれません。しかし、まったくそんな心配はありません。私を導いてくださる仏さまは、慈悲深く、寛容です。私が我執を離れられないことを先刻ご承知ですから。

目標にほど遠く、このままではとても仏に成れそうもない私たちを、とくに広大な慈悲で温かく包んで、導いてくださいます。

その慈悲深い仏さまを、阿弥陀仏と称すのです。

五、えっ？　赤ちゃんの初参りに、お寺に行くの？

大多数の方が、子どもが生まれたら神社にお宮参りに行きます。結婚式は、キリスト教会のチャペル。死んでから初めて仏教のお坊さんに用があると思われているかもしれません。

でも、仏教の葬式で人生を締めくくり、仏さまに成らせてもらうのならば、生まれたときも、まずお寺に行きましょう。それが筋でしょう。

赤ちゃんが誕生したら、お寺で初参式のお参りをお勧めします。

「このたび、この子を授かりました。私たち夫婦も、親とならせていただきました。この子は、親の私物ではなく、仏さまから授かった尊いいのちとして育てます」

という、親としての自覚、感謝、出発としての、お参りです。

祖父母、両親、赤ちゃん、二人目、三人目の赤ちゃんならば、上の兄姉も、家族そろって一緒にお経をあげ、新しい家族の誕生を喜び、法話を聞く。

明るくほのぼのとした赤ちゃんの初参り。お祝いの集いです。

六、えっ？　お寺で結婚式？

結婚式も、仏式をお勧めします。

「仏式の結婚式は、死をイメージするから縁起でもない」とか、「念珠をもって、お経をあげるなんて、抹香臭くて暗い」と思われるならば、それは思いこみ、誤解です。お願いですから、お寺＝死というイメージは払拭してください。

お寺の本堂で式をあげるのがベストですが、披露宴の都合上、移動が面倒ということであれば、結婚式場でも仏前結婚式の準備はできます。そのときは、司婚者として、自分のお寺のご住職をお迎えください。

仏前結婚式をあげるからといって、和装でなければダメということはありません。ウェディングドレスを着たいのであれば、洋装でもまったく問題ありません。バージンロードを歩きたいというのなら、赤い毛氈を敷いて歩かれればよいでしょう。

そもそも、キリスト教がどんな教えかも知らないのに、信心してもいない神さまの前で誓うのですか。形ばかりを真似するのでは、本当のキリスト教徒の方がたに失礼ではありませんか。

心の伴わない形式のみのものまねでは、「日本人は何を考えているのだ」と、外国人から失笑されても仕方ありません。

自分が今後の結婚生活を営むうえで、本当によりどころとして、人生の指針として、生きて、死んでゆく教えのもとで、本物の誓いをたてていただきたいのです。

なんでも西洋風がカッコいいと思いこんで、結婚式まで見かけだけのファッションショーにしないでください。「テレビドラマがそうだから」「皆がしているから」という、人真《ま》似《ね》や形だけのセレモニーではなく、儀式と心が一つになった、本当に尊い結婚式をあげてください。

だれもかれもがチャペルで挙式をする昨今、これからは純和風の「仏前結婚式が新しい！」かも。

Ⅱ　葬式は、だれのため、何のためにするのですか？

一、葬式はだれのため、何のために行うのか？

お葬式を死者のための儀式と思っている人は、「とりあえず、葬式のときだけお坊さんに来てもらって、葬式が済めば、あとは用がない」と考えているのではないでしょうか。でも、仏教のお葬式を、たんなる形のみの儀礼、その場かぎりのものにしてしまっていいのでしょうか。

お葬式で見送った最愛の人は、死んでおしまいではありません。たしかに故人の「人間」としての生は終わりです。しかし、故人は今、心の世界である浄土、仏の世界・悟りの世界へ往って生まれ、尊い仏と成られたのではないのですか。

そして、その仏さまが、あとに残った私たちに何を願われているのかというと、それは、私たちが仏さまに手を合わせ、心を合わせて、この人生を明るくしっかり生きることです。自分の狭い我に執着して、人生の迷子にならないことではないでしょうか。

ですから遺族は、最愛の家族を亡くした悲しみを縁に、これからは仏法、仏の教え・仏の願い、故人の願いを聞くことに努めていかなければなりません。故人のための仏教ではなく、いま生きている私たち一人ひとりの仏教です。

仏の教えに耳を傾けること、それが、いま尊い仏と成られた故人に対する一番の報恩感謝となるのです。

普段、何事もない日常を、感謝どころか当たり前と思い、真如である仏さまに手を合わせることもなく、仏さまの前で自分を内省することもなく、ただ「忙しい、忙しい」と、文字通り「心を亡ぼしている」私たちです。

最愛の肉親、友人の死という、たいへんつらい悲しみを縁として、今後の私の生き方を仏さまに問い、仏さまに学ばせていただく。そのご縁、出発点が、葬式であり、七日七日のお勤めなのです。

あなたや、あなたの最愛の人は、死んでおしまいですか。「ハイ、さよなら」と、無に帰して、残された者の心にも残らない存在ですか。

決して、死んでおしまいではないでしょう。ちゃんと、あなたの心の中におられるでしょう。それも、生前の思い出だけで残るのではない、尊い仏と成って、あなたを心配し、見まもり、導く存在に成るのです。

暗い死、不幸な死ではなく、悲しみの中にも尊い死です。

今まで、お寺や仏教に無関心だった遺族、友人も、故人を本当に「尊い仏さま」と尊ぶのであれば、今後は素直に、仏さまが私に願われていることに耳を傾けることを始めてください。

故人の生前を偲んで遺影や墓に手を合わせるだけで、自分が仏法に心を合わせないのでは、仏さまと成られた故人が悲しまれますよ。

二、葬式費用が高すぎる！　坊主が丸儲けなのか？

都会では、「葬式に莫大な費用がかかる」という声をしばしば耳にします。だから、「葬儀に坊主はいらない」と言う人もいると聞きます。

昔は、自宅かお寺で葬式をしていましたから、それほど多額の費用はかからなかったと思いますが、現代では駐車場や冷暖房完備などの設備面が理由でしょうが、葬祭場で行う人がほとんどになりました。

アパートやマンションでは、遺体が自宅に帰ることもできず、病院からまっすぐ葬祭場に直行という場合もあります。通夜、葬式と、葬祭場で数日間寝泊まりすれば、経費がかさむのは仕方ありません。

しかも、「自分たちは何もわからないから、すべて葬儀屋さんにお任せで」となると、葬儀屋さんの言いなりになり、あとでびっくりするような金額を請求されることもあるようです。

普段からお寺と親しく付き合いがあり、仏教に親しみ、葬儀の意味や仏事のことなども心得ていれば、葬儀屋さんとのトラブルは起こらないはずです。

仏教、仏事についてわからないことは、何でもお寺に相談してください。相談料などはかかりませんから。

三、僧侶は葬式のお経あげ役？

僧侶が、黒い衣に袈裟という姿で病院にお見舞いに行ったら、どうでしょう。「縁起でもない」と、腹を立てられそうです。それほどに、僧侶＝死というイメージは強いように思います。

でも、繰り返しになりますが、僧侶は葬式や仏事のときにお経をあげるだけが役目ではありません。僧侶には、仏法をお伝えし、仏法を共に語り合うという、とても大切な役目があります。共に仏さまを讃え敬い、その教えを喜ぶ門信徒のリーダー役です。

浄土真宗は、宗祖親鸞聖人が九歳で出家され、比叡山での長い修行生活のあと、山を降り、法然上人の教えに帰依されました。のちには自ら堂々と結婚し、家庭生活を営みながらの仏教を実践されました。ですから、真宗の僧侶は有髪で、家庭をもち、普通の生活をしています。

僧侶はきびしい修行をし、欲もなく、清らかな存在であるべきだと考えている人にとっては、浄土真宗の僧侶は生臭坊主なのです。

しかし、生臭い家庭生活、わずらわしい社会生活の中で、その対極にある仏さまをありがたく思い、仏さまを忘れない生活をするのが、真宗の僧侶です。

真宗の僧侶は、人生の荒海を乗り切るために、仏さまが用意してくださった船、「彼岸号」に乗って、「皆さん、一緒に乗船してください」と、先頭で旗を振って案内する仏道の添乗員、お世話役だと、私は思っています。

そのうえで、乗船仲間の門信徒の人たちの死に際して、遺族、友人ともどもに、故人を偲び、敬い、葬式の導師を務めるのです。

だから、僧侶を、葬式・仏事のときだけ、お経をあげるためにやってくる、パートのお経係りのように誤解しないでください。

喜びも悲しみも、生まれてから死ぬまで、人生すべてに関わって、仏さまの心を取り次ぐのが、僧侶の役目なのです。

ですから、袈裟衣の僧侶の姿で出産祝いに行っても、結婚式に出席しても、病院にお見舞いに行っても、塩をまかないでください。

四、葬儀のお布施を僧侶への賃金・報酬と勘違いしないでください

葬儀のお布施を葬式という儀式中だけの「僧侶レンタル料」のように誤解されては困ります。

本当は、生まれたときから死ぬまで、仏教とともに生きて、「長年、仏法にお育ていただいた故人が、このたび浄土・仏の国に生まれさせていただきました」と、仏さまへの感謝の気持ちでするのが、葬儀のお布施です。

でも、残念なことに、都会の人は、「家族が亡くなって初めてお寺に来た」という人がほとんどかもしれません。

葬式懇志は、僧侶へのお礼というよりも、今までお世話になった、あるいは今後お世話になるお寺の護持、仏法繁盛のための浄財（布施）です。

だから、僧侶のほうから商品売買のように金額を言って、請求するものではありません。

ときどき、「葬式懇志の金額の見当がつかないので教えてください」と尋ねられることもありますが、僧侶側は答えようがありません。お布施は、遺族側の「お気持ち」だから

です。遺族が、いやいやながら支払うのは、布施ではありません。

布施の精神からすると、布施をするほうも、いただくほうも、お金への執着を捨てなくてはなりません。遺族は、自分の気持ちで精一杯のことをさせていただく。布施をいただく僧侶側は、精一杯の法施、仏法の取り次ぎをさせていただく。そのようにして、お互いに手を合わせ、感謝しあうのが、本当のお布施です。

五、法名・戒名は死んだ人の名前？

法名は仏弟子としての名前ですから、生きているあいだに本山で帰敬式を受けて法名をいただくのが正式です。

たとえば、キリスト教で洗礼を受けたら、クリスチャンネームをもちます。法名も、それと意味は同じことです。だから法名は、決して死んでからの名前ではないのです。

浄土真宗の場合、法名は「釈○○」と、三文字が正式です。「釈」は、お釈迦さまのことです。ですから、お釈迦さまの仏弟子○○という意味です。私の法名は、釈法音といいます。

院号というのは、宗門に特別に貢献された人に送られるものです。院号をいただいた場合は、「○○院釈○○」となります。院号がついたから偉いというわけではありません。仏さまの世界である浄土には、階級や差別は一切ありません。

帰敬式は、毎日本山で受けることができます。生前に帰敬式を受けるご縁のなかった人には、葬儀のときに住職が代わりに法名をつけることになります。大多数の方が、葬儀にあたって法名をつけるために、法名は死んでからの名前という誤解が多いのです。

ところで、「戒名をぼられる」という噂をよく耳にします。各宗派、各寺院、いろいろお考えがあってのことかと思いますが、仏教そのものまでイメージダウンになるのは、悲しいことです。わが宗門では、住職が「法名料」なるものを要求することはありません。

さて、生きているうちに仏弟子となり、法名をいただいたからといって、早死にするわけではありません。もしもそうならば、僧侶や受式された門徒家族は、みんな寿命が短いことになります。そんなことはありえません。だから、安心して、生きているうちに仏弟子になってください。

仏弟子になるということは、死の準備、葬式の準備ではありません。仏さまを人生の師と仰ぎ、人生をよりよく生きるためです。

六、清め塩は失礼

会葬御礼に清め塩が入っていることがあります。葬式から帰宅したとき、玄関先で塩をふり、死の穢れを清めてから自宅に入るという風習があるようです。

しかし、これは仏教の教えに反します。死を穢れとするのは、神道の考え方であり、仏教では死を穢れとはしません。

仏教は、生死を超える教えです。故人は悟りの世界に生まれ、仏と成られるのです。

葬式では、そのような尊い仏さまに手を合わせ、お参りしてきたのではないのですか。帰宅したとたん、「死」を「穢れ」とばかりに、玄関先で塩をまくなど、これほど故人に失礼なことはないと思います。

佐賀県では（他県でも実践しているところがあるようですが）、仏教の葬儀の場合、葬儀社はもう早くから清め塩を廃止し、代わりに、清め塩をなぜ入れていないのかを記した栞を入れています。

死別は、つらい、悲しい出来事です。だれでも、悲痛で、避けたいことです。しかし、だれもが死んで逝かなければなりません。私も、あなたも。塩をまいて清めたところで、遅かれ早かれ死は避けられません。

しかも、浄土仏教における死は、不幸ではありません。悟りの仏として浄土に生まれる新たな誕生、尊い出来事でもあります。

本当に故人を大切に思われるのならば、そして故人を「仏さま」と尊ばれるのならば、塩をまくような非礼をしないでください。

七、お墓について

「嫌いな姑と同じ墓に入りたくない」と思っているお嫁さんたち、心配はいりません。遺骨に生前の感情が宿って、お墓の中で憎しみあうようなことはありませんから。

お浄土は倶会一処《くえいっしょ》といって、共に会う世界です。真理に目覚めた者、悟りを得た仏さまとして、共に会う清らかな世界です。

この世では、憎らしい、嫌な人だと思っていても、死んだあとは、お互い仏となっているのです。悟りをひらいた清らかな仏さまが、生前の憎しみの感情のまま、いがみ合うなどということはありえません。

そもそも、自分のお墓については、生きている当人が心配することではないと、私は思うのです。

親鸞聖人は、自分が死んだら、遺体は鴨川《かもがわ》に捨てて、魚の餌にしてくれと言われたくらいです。でも、遺族や親鸞聖人を慕う門信徒にとっては、そうはいきません。大切に思う人を、大切に偲びたいという気持ちがあります。

親鸞聖人のお墓に、たくさんの聞信徒がお参りに来る。思い出や仏法の話になる。そこから廟所を建てて、のちの本願寺となるのです。

つまり、お墓は、遺族や後に残った者が、故人を偲ぶために作るのであって、生きている者が自分の墓についてあれこれ指示するものではないと、私は思っています。

もちろん、「自分の死後に子どもたちに迷惑をかけたくないから」といって、生前に立派なお墓を建てることを悪いとは言いません。でも、立派なお墓を自分で建てたとしても、要は遺族の心の問題です。

亡くなった親にすら手を合わせない、親の遺産だけもらって墓参りもしないような子どもでは、お墓の意味がありません。

八、仏壇は特定の故人の入れ物ではない

一般には、お仏壇を特定の故人（〇〇家の先祖、もしくは先に亡くなられた家族）をおまつりするところと思っている人が多いように思います。しかも、本家の子孫のだれかが代表で故人や先祖の面倒をみるもので、分家は仏壇がなくて当然、分家は自分の家族のだれかが死んで初めて仏壇が必要になると誤解しています。

しかし、仏壇は、死んだ人のための入れ物ではありません。

故人を生前の思い出だけで偲ぶのが仏壇ではありません。故人は、お浄土で悟りをひらき、尊い仏さまに成られているのです。故人は、ご本尊である阿弥陀如来と同じはたらきの、仏さまに成られているのです。

私たち一人ひとりが、真如の仏さまに出遇うためのもの、仏の教えに生きる私のよりどころと仰ぐのが、お仏壇です。

家庭の中心にあり、仏さまと心を合わせる家庭内道場、心を映し出す鏡となるものが、お仏壇です。

ですから、田舎を離れた核家族であろうと、家に仏壇があるのが本当です。しかも、家族のだれかが代表でお世話するのが仏壇ではありません。故人を縁として、遺族一人ひとりが仏さまに遇うということが大切なのですから、兄弟のだれかが代表して仏壇をもつ、仏さまの面倒をみるという考え方は、大きな間違いです。

たとえば、三人兄弟の両親が亡くなって、長男だけが仏壇をもつというのは、妙なことだと思います。次男、三男にとっても、大切な両親であることに変わりはないでしょう。長男だけに仏事や寺の付き合いを任せて、弟たちは知らん顔というのは、ちょっとおかしなことです。私たち一人ひとりの仏さまなのですから。

私は、べつに仏壇屋さんから宣伝料をもらっているわけではありません。立派な仏壇でなくてもいいのです。マンションやアパートで、スペースがないということなら、箪笥の上に載せることができるような小さな仏壇も最近はあります。

亡くなられた家族を縁として、真如の仏さまに手を合わせる。苦しいときは仏さまに愚痴を聞いてもらい、悲しいときは仏さまの前で思いっきり泣き、うれしいときは仏さまに報告し、日常の出来事を仏さまと会話する。一日の私の言動を反省しながら、真如の仏さまに私を問う。そういう時間が尊いのではありませんか。

朝は、まず仏さまにお参りする。炊きたてのご飯を、私たちが口にする前に、まず仏さまに感謝の心でお供えする。

よそからいただいたお土産も、まず仏さまにお供えする。お給料、子どもの賞状、通知表も、まず仏さまにお供えする。

子どもが悪いことをして叱るときも、お仏壇の前で叱る。夫婦喧嘩も、お仏壇の前ならエスカレートしなくてすむかもしれません。

つまり、家庭の中心に仏さまを置く。そういう姿を、大人が子どもにしてみせるのが、大切な宗教教育、家庭でのしつけではないでしょうか。

九、仏事は何のためにするのか？　お経は誰のためにあげるのか？

仏事は、決して亡くなった人にお経を聞かせるためにお勤めするのではありません。故人のためではなく、私たち、あとに残された者のために行います。

お経というのは、真理を悟ったお釈迦さまが、私たち人間を導いて、悩み、苦しみ、悲しみを超えさせよう、真理を悟らせようと、説かれた仏法です。

ですから、お経は、死んだ人の霊を慰め、成仏させるための呪文ではありません。お経は、仏さまから生きている私たちへの説法なのです。

その説法は、最初はインドの言葉だったのでしょう。それが中国に伝わって漢文になり、そのまま漢文で読むので、お経がなにやらあやしげなおまじないの言葉に聞こえるのです。それなら現代語に訳して唱えればいいのにと思われるかもしれません。一部現代語に意訳したお経もありますが、すべて意訳してしまったのでは、私個人的には、ありがたみが薄れるような気もします。

さて、仏事は何のために勤めるのかですが、仏事は故人への慰霊や追善供養ではなく、逆に私たちが、今まで気づきもしなかった仏さまからの働きかけ、悟りに導こうとされているることに気づくために行うものです。

一般には、私たち生きている者が、先に亡くなった故人をかわいそうに思い、慰めるのが仏事だと誤解されていると思います。しかし、そのような気持ちで仏事に臨まれたのでは、本末転倒です。

そもそも欲が多く、思い通りにならないとすぐ腹を立て、他人の成功を妬み、愚痴の多い、そんな悟りにほど遠い私たちが慰霊する。つまり、生きている私たちが、故人の霊を慰めるとは、なんと不遜な考え方でしょうか。

ですから、慰霊、追善供養という言葉と考え方には、いささか抵抗があります。私たちが故人を心配するのではありません。まったく逆です。仏さまと成られた故人から、私たちは心配し、慰められているのです。それに気づかせていただくのが仏事です。私が悟りの仏さまと向き合わないのは、仏教ではありません。本当の法事ではありません。

故人を生前の思い出だけで偲ぶのではなく、本当に尊い仏さまとして仏事を勤め、手を合わせるのです。仏さまに相対して、日常の私の心を見つめ直すひととき、それが仏事なのです。

仏事は、参詣者全員のために行います。法事の段取りは、施主が代表してお世話くださるでしょうが、故人や遺族のためにお参りに来てあげたお客というような心得違いをしないようにしてください。一人ひとり、私が仏さまに出遇う、私の心を仏さまに問うのが仏事なのですから。

十、四十九日（七日七日）は、何のために勤めるのか

家族を亡くしたら、お葬式のあと、初七日、二七日と、一週間ごとに法要を勤め、七七日（四十九日）まで勤めます。これを中陰といいます。

中陰は、一般には、死の瞬間から次の世に生まれるまでの期間が四十九日で、この期間は成仏していないとする俗信からきています。

宗派によって考え方が異なりますが、浄土真宗の場合は、故人は亡くなられると同時に阿弥陀如来に救われ、お浄土（仏の国・悟りの世界）に生まれ、仏と成られたと受け取ります。だから、七日、七日の法要は、故人が冥土から浄土へ向かうために遺族がお経をあげて成仏を願うために行う追善供養とは考えません。もうすでに成仏しておられるからです。

では、何のために七日ごとにお勤めするのでしょうか。

それは、故人の遺族、親族、友人のためです。故人をご縁として、あとに残った者が仏法に出遇う、仏縁をいただくためです。

葬儀のあと、毎週の仏事は大変ですが、四十九日は、遺族が最愛の家族を失った悲しみを、慌ただしさの中にまぎらわせる期間かもしれません。

七七日も、回忌の法事も、故人のための仏事でなく、私のための仏事であることに気づかせていただきましょう。

十一、死の備え

いま生きている人は、必ず死にます。百パーセントの確率です。そんなこと、だれもがわかっているのに、自分や、自分の愛する人が死ぬことは忘れています。いや、考えたくないというのが本音でしょう。でも、絶対に死ぬのです。それも、いつ死ぬかわからないのです。

「死ぬ」などと言うだけで、「縁起でもない」と怒られそうですが、でもまさに因縁生起ですから、年老いて死ぬとはかぎらない、若くても、いろいろな縁によって、生まれたものは必ず死ぬのです。

金銭上の保険は万全でも、自分が死んでゆくこと、最愛の人に突然先立たれるかもしれない心の準備については、何にも備えていないのではありませんか。

なにも、今のうちから葬式の準備をして、毎日「きょう死ぬかもしれない」と、不安な生活をしなさいという意味ではありません。自分が死を迎えるとき、あるいは最愛の人と死に別れるとき、そのつらさ、深い悲しみを、どう乗りこえるか。そのための心の準備をしておこうということです。

心の準備は、仏教に聞くこと、教えてもらうことです。仏教によって死別の悲しみがまったくなくなるわけではありません。つらいことに変わりはありません。でも、立ち直れないほど、どん底に突き落とされたままということにはなりません。深い悲しみの中にも救いがあるのです。

死を忌むもの、不幸だけにしてしまうのではなく、死を尊いものと受け取らせてもらう、そのような死の準備をしておきましょう。

死を忘れない心の準備があればこそ、生も輝きます。いま生きている尊さに気づきます。毎日を新しく、ありがたく、大切に生きることができます。

小さな子どもから、「死んだらどうなるの？」と尋ねられたときに、返答に困ってオロオロするのではなく、

「死んだら、お浄土で悟りをひらいて、尊い仏さまに成らせていただく。そして、皆を見まもり、救うはたらきをさせてもらう」

と、はっきり答えたいと思います。

Ⅲ　仏教の教えとは、どんな教えですか？

一、仏教を誤解していませんか？

(1) 仏教は超能力の教えではありません。

空中に浮いたり、奇跡を起こしたり、不思議なパワーで病気を治したりする教えではありません。

仏教は、この世の真理を説いています。決して自分の欲のままに不思議な力を高めるような、非科学的な教えではありません。

(2) 仏教は、死者の霊を慰めたり、除霊（取り憑いた悪霊を追い払う）など、霊を鎮めるためのまじないの教えではありません。

テレビ番組などで、霊能者と呼ばれる人が登場し、「お寺でお経をあげて、除霊のお祓いをしてもらうとよい」「成仏していない霊を供養してあげると祟りがおさまる」などと解答するのを耳にしたことがあります。

しかし、そもそも仏教では、そういう悪霊の存在を認めません。

自分に都合が悪いこと、たとえば病気になったり、災害が起こったときなどに、それを先に亡くなった霊の祟りのせいにしたのは、古代の怨霊信仰です。

親鸞聖人は、鎌倉時代において、占いやまじないに惑わされない生活をするように戒められています。

ところが、この現代社会においてもなお、自分にとって不都合、不幸と思うことを、悪霊のせいにする人が多いのです。これほど先祖、故人に失礼なことはないと思います。

かりに故人が生前どんな悲しみや恨みをいだいて亡くなったとしても、あるいはどんな死に方をしたとしても、みな平等に、仏さまの慈悲にいだかれて（救われて）、今は悟りをひらき、苦痛や悲しみ、怨みが消え去り、尊い仏さまになっておられます。

あなたの病気や事故、不運と思うことは、ありもしない悪霊のせいではありません。だれでも嫌なことですが、生きていれば、そのときの縁によって、病気になることも、事故に遭うこともあります。それが、この世の現実です。

私たちの体調も、周囲の状況も、刻々と変化しています。きびしいこの世の現実を、あなただけが避けて、あなただけが都合よく生きることはできません。この世の縁は、あなたに都合のいい縁ばかりではないのです。

悪霊があなたに厄して不幸をもたらしているのではなく、あなた自身が、あなたにとって不都合なことを、ありもしない霊に責任転嫁ならぬ「責任転霊」しているのです。どうぞ霊に迷わないように、たしかな仏法を聞いてください。

(3)　仏教は、先祖供養の教えではありません。

自分の先祖、先に亡くなった家族を大切に思い、感謝するのは、当然の感情です。最近は、自分の親すら大切に思わない人が増えてきましたから、先祖に感謝できる人はまだありがたく、尊いことです。

しかし、仏教はただたんに自分のご先祖さまに感謝し、故人を偲んで仏壇に手を合わせ、墓参りをすればそれでいいという先祖供養の教えではないのです。

なぜなら、先祖供養は、自分に直接関わる故人を大切に偲んでいるのであって、他人のことはどうでもいいことになっているからです。自分につながる人、自分の家族、先祖、友人しか大事に思えないのは、やはり我執であって、仏教精神から大きく外れています。

私の気がつかないところで、この世は直接、間接に、たくさんのお陰に支えられ、成り立っています。お陰さま、まさに陰の力に気づかせていただくのが、仏教です。

(4) 仏教は、仏さまに自分の願いが叶うように祈願する教えではありません。

仏教は、いつもこの私を問題にします。

だから、自分のことを棚に上げ、困ったときだけ手を合わせ、お願いごとをする教えではありません。自分の心を仏さまに問わずに、自分や自分の愛する人の幸せだけを願うのは、自分教（私教）であって、仏教ではありません。

たとえば、健康で、おいしいものをたくさん食べていながら、「ダイエットに成功しますように」と願う。あまり勉強していないのに、「希望の学校に合格できますように」と願う。恋人がいて、アツアツのときには「この人と結婚できますように」と願い、心変わりすると「この人と早く別れられますように」と願う。もっとおそろしいことには、「憎い人が早く死んでくれますように」と願うかもしれません。

そのつど、コロコロ変わる、そんな自分勝手な願いを聞いてくれる神さまや仏さまは、まずいないでしょう。

私だって、欲を言えばきりがありません。「もっと頭がよかったら」「もっと美人だったら」「いつまでも若く、病気とも無縁だったら」「もっとお金と時間があったら」、このように、人間の欲には限りがないのです。

自分の欲をそのまま肯定し、祈願するのは、仏教ではありません。そこまで身勝手な欲ではないとしても、病気の苦しみ、あるいは家庭内・社会内の深刻な悩みもあります。でも、生きていれば、いいことばかりではありません。つらいことにも出遭います。

つらいことは、だれもが避けたいことですが、自分にとって悲しいこと、嫌なことを仏さまに祈願して、取り除いてもらおうとすることも、仏教ではありません。不都合なことがあるたびにオロオロし、神仏に願いごとをしても、根本的な解決にはいたらないからです。

その根本的解決を仏法に学ぶのです。

⑸　日の善し悪し、大安・仏滅などと仏教は、関係ありません。

普段の生活では何も意識していないのに、行事やイベントがあるときだけ気になるものに、大安・仏滅・先負・先勝・友引・赤口の六曜があります。

仏滅という言葉があるくらいですから、仏教と関係があると誤解されているかもしれませんが、六曜と仏教はまったく関係ありません。

そもそも、日に善し悪しがあるのでしょうか。大安に事故に遭う人もいれば、仏滅にクジに大当たりする人もいます。その人にとって良いことがあれば、有頂天の日でしょうし、悲しい出来事があれば最悪の日です。日の善し悪しは人それぞれで、「日」そのものに吉凶などあるはずがありません。

一番根強いのは、「友引に葬式をしてはいけない」という迷信です。友引とは、先負・先勝の勝ち負け無し、「共に引く」の意味だと聞いたことがあります。死んだ人が友だちをあの世に道連れに引くというような意味ではありません。どうぞ、安心して、友引でもお葬式をしてください。仏さまが祟られるわけはないのですから。

⑹　仏教は、この世をあきらめ、あの世での幸せを願う教えではありません。

阿弥陀如来の浄土、仏の世界を、極楽浄土といいますが、極楽と聞いて、どのようなイメージをもちますか。お気楽で快楽の極みの場所でしょうか。

たしかに『仏説阿弥陀経』には、きらびやかで美しい極楽浄土の様子を、お釈迦さまが説かれています。しかし、それは悟りの世界、仏の世界、つまり欲に汚れたこの人間世界と相対した真実の世界の尊さ、美しさを表現されたものです。

悟りの世界と相対したこの世の醜さと、自分の姿に気づくところに、仏教があります。

また、幸せはどこかにあるのではなく、今の幸せに気づかされる教えでもあります。

たんに、「死んだら極楽浄土で仏さんになって幸せになる。だから、ままならないこの世の現実は、暗くあきらめ、我慢して生きていかなければ仕方がない」「現実はどうでもいい」という教えではありません。

この世を明るく幸せに生きるための教えが、仏教です。

(7)　日本の仏教は、民俗宗教ではありません。
日本の仏教は、日本人にだけ通じる民俗宗教だと思っておられるかもしれません。しかし、仏教（仏法）は、この世の法則、真理ですから、日本人にだけ通用する教えではありません。

仏教に対して、

「亡くなった人の霊を生きている私たちが慰め、供養してあげること」

「自分たちの幸せを願って仏さまに祈願すること」

「死んでから、あの世での幸せを願う教え」
「日本人だけの低レベルの民俗宗教」

というようなイメージをもっておられるなら、それは誤解です。

仏教は、気づいたら、今、私という人間がこの場に生きている。その現実の場で、悩み苦しみの多い私たち人間が、どうすれば心を煩わせることなく、心穏やかに生きることができるかを説かれた、お釈迦さまの教えです。

二、お釈迦さまの教えとは

　ここで、あらためてお釈迦さまの紹介をします。

　紀元前五世紀頃、インドの北辺、現在のネパール付近に、釈迦族という小さな種族の国があり、その釈迦族の王であるスッドーダナ（浄飯王《じょうぼんおう》）と妃マーヤー（摩耶《まや》）の王子として、お釈迦さまは誕生されました。本名はゴータマ・シッダールタ（喬答摩《ごうたま》・悉達多《しつだった》）といいます。王子は、何不自由ない王宮の生活を捨てて、出家し、長い思惟ののち、悟りをひらいて仏と成られました。

　現代では、お金さえあればという拝金教の人が多いようですが、お釈迦さまは物質面でどんなに恵まれていても心は空しかった。だから、真の幸せを求めて、王宮の生活を捨てられたのです。

　きびしい苦行もされました。でも極端な禁欲苦行でもなく、もちろん「今楽しければいいじゃないか」という快楽主義でもなく、中道に目覚められたのです。そして、この世の法則・真理を悟られ、仏に成られたのです。

「仏」とは「真理に目覚めたもの」という意味です。「悟る」とは、自分中心の思いにとらわれて悩み苦しんでいた人が、正しい世界のあり方に目覚めるということです。

お釈迦さまは、人生の苦（生老病死《しょうろうびょうし》）を見つめられました。

①　生まれる苦しみ

時代も国籍も親も選べず、気づいたら私という人間が今ここにいて、生きていかなければならないこと。

戦乱の国、貧困、飢餓に苦しむ地に生まれるか、平和で物があふれる国に生まれるか、やさしい両親のもとに生まれるか、虐待する親のもとに生まれるか、一切選ぶことはできません。美醜、体格など、どんな遺伝子をもって生まれるかも、選べません。

②　老いる苦しみ

どんなに屈強な男性も、絶世の美女も、年齢とともに衰えてゆきます。シワもよります、髪も薄くなります。視力も衰え、足腰も弱くなります。

③　病気の苦しみ

生身の人間ですから、いつどのような病気にかかるかわかりません。病によって、つらい苦しい思いをしなくてはならないことがあります。

④　死の苦しみ

生まれたからには、だれもがみな死んでゆかねばなりません。私たちは、平均寿命まで生きて、年老いて死ぬものだと思いこんでいますが、それはあくまでも平均寿命であって、各人の寿命とは関係ありません。

生まれたばかりの幼いいのちも、死とは無縁に見える青春の真ん中にいる若者も、何らかの縁によって死んでゆかねばならないこともあります。

どんなに財産をもち、最愛の家族に恵まれていても、まだ人生にやり残したことがあるから死にたくないと思っても、いつか一人で死んでゆかねばなりません。

このような生老病死の「四苦」に加えて、

⑤　愛別離苦《あいべつりく》

愛する人と別れなければならない悲痛。

自分の愛する人、愛するペットなど、大切なものを亡くすことほどつらいことはありません。でも、必ずだれかが先に逝き、別れなければなりません。

⑥　怨憎会苦《おんぞうえく》

怨み、憎むものと会わなければならない苦痛。

ご近所、職場、学校などで、顔も見たくないような嫌な人、苦手な人と生活を共にしなければならないこと。あるいは、何かの縁によって、怨みをもつ相手とも出会わなければならない。そのようなことは、日常よくあることです。

⑦　求不得苦《ぐふとつく》

欲しいと思っても、なかなか物事を手に入れることができない苦痛。どんなに努力して頑張っても、思い通りに物事を得ることができないことがあります。

⑧　五蘊盛苦《ごうんじようく》

自分の体、心があるが故に、要求、思いにとらわれる苦痛。この体をもっているから、暑い、寒い。痛い、つらい。悲しい、腹が立つなど、いろいろな苦しみが起こります。

生老病死の四苦に、この四つの苦を合わせて、「八苦」といいます。

これらの苦しみ、思い通りにならないことの根本的な解決を求めて、お釈迦さまは修行されました。のちに真理を自覚され、悟りをひらかれて仏陀（覚者）と成られたので、釈迦族の聖者という意味で、釈迦牟尼世尊《しやかむにせそん》と呼ばれ、それを略して「釈尊」と尊称するのです。

三、お釈迦さまが真理を自覚され、悟りをひらかれたとは、どういう意味でしょう。

(1)　この世の現象すべては常に生滅変化して、とどまっているものはないという真理『平家物語』では「盛者必衰」、『方丈記』では「ゆく河の流れは絶え間ないが、水は常に元の水ではない」とあるように、この世の現象のすべてが動いています。何ひとつとして、「これはこういうものだ」と固定した実体はありません。なぜかというと、すべての現象が、その一瞬一瞬の因と縁によって、果を生じているからです。これは、だれも否定できない真理です。

海は、波の静かなときもあれば、大荒れのときもある。これが海だという実体は、ありません。

私の心は、自分に都合のよいことがあれば、ウキウキ有頂天となり、自分に不都合なことがあれば、憂鬱でどん底の気分に陥ります。美しいものに感動し、穏やかなときもあれば、一転、怒り狂うときもあります。自分の心ひとつとっても、その場その時の縁次第で、コロコロ移り変わっていきます。まさに「常ならん」のが、この世の中です。

⑵　私たちは、一人ひとりが他と無関係に孤立しては存在しないという真理

私は、今いろいろな縁のもとに、かりに成り立っている我です。それをわかって我の執着を離れることが実践できれば、自他の差別も、争いもなくなります。すべてのものを自分と同じように大切にできます。

しかし、私たちはこの真理に反して、自分の思いに執着します。その我執、煩悩のために、もっともっとと、際限ない欲をもちます。自分の思いに反することに対して、腹を立てます。そして、ますます自己中心の思いにとらわれ、真理から遠のいてゆくのです。

仏教の悟りとは、メラメラと燃えさかる煩悩の炎が吹き消されたあとの、心静かな状態です。

お釈迦さまは、「苦しみは外からやってきて私を苦しめているのではなく、私の自分中心の心、我執と煩悩がつくりだしている」ということ、そしてその「自己中心の心は、私たちがこの世のものの本当のあり方に無知であるために起こるのだ」ということを悟られたのです。

四苦八苦は、この世を生きているかぎり避けようがない、どうしようもないことです。

でも私たちは、自分だけはこの苦痛から逃れ、楽に生きたいと願います。つまり、どうしようもないことを自分の都合に合わせてどうにかしようと思うから、よけいに苦しむのです。

現実を明らかに見る、事実をありのままに見る。それが仏教の基本的な考え方です。この世は、自分の思い通りにはなりません。自己中心のものの見方のまま、世の中が自分にだけ都合よく動くようにはならないのが事実で現実なのです。そのことを、しっかりわかることが悟るということなのです。

それは、「あーあ」とため息をついて、「世の中真っ暗闇だ」とあきらめる、暗いあきらめではありません。あるがままに受け入れる明るいあきらめです。自分中心のものの見方を離れ、あるがままにものを見る智慧を得ることです。

その智慧に目覚めたものを、仏陀（ブッダ・覚者）・仏というのです。

あるがままのものの本当のあり方を、真如とか法といい、その事実（法）がわかった、つまり、今までの自己中心の心、自分の思いにとらわれた心を離れたことを、悟りといいます。

つまり仏教とは、私たち自身が、悟りを得て、悩み苦しみを超越した仏に成らせていただく教えであるのです。私たち自身が、その真如の仏に成らせていただく教えが、仏教であり、仏を目指す人生の歩みが仏道です。

つまり、外見を飾りたてなくても、私たち自身が、仏という究極の超一流ブランド品になることを目指す教えであるということです。

四、真如の仏、智慧と慈悲の仏とは

仏は、人間の自己中心の心、自分勝手な思いとは、まったく相反する存在です。この世の真理、完璧な理想像です。

仏に成れば、その智慧により、悩み、苦しみ、不安、心配を超越します。

また、仏は、人間のように自分の愛するものだけを大切にし、自分に都合の悪いものを憎み、関係ないものを無視することはありません。

自分と他人の区別なく、すべての生きものに対して、平等に慈しみの心をそそぎます。争い、憎しみ、恨みもありません。腹を立てることも、嫉妬することもありません。自分のことを、ダメだと卑下することも、絶望することもありません。逆に、うぬぼれて、傲慢、尊大になることもありません。

仏の世界では、肩書きや地位や名誉、差別、いじめもありません。みな一人ひとりが平等に、仏として光輝く世界です。

もちろん、お金の心配もありません。生前どんなに財産があっても、何の役にも立ちません。健康の悩み、病気の苦しみもありません。死別の悲しみもありません。なにしろ、そういう人間の欲、悩み、苦しみを超越した存在、あこがれの理想の境地、尊い存在が、仏なのです。

また、仏とは、自分が真理を悟り、自分だけが心の平穏を得て、それで満足する存在ではありません。まだ、人間世界の価値観にどっぷりつかり、苦しんでいる人たちを、なんとか目覚めさせたい、楽にしてあげたい、悟らせてあげたいと、救いのはたらきを続ける存在です。極楽浄土でじっと座っておられる「静」の存在ではなく、はたらきとしての「動」の存在です。

仏に手を合わせるのは、願いごとをするためではありません。仏が尊い存在だからこそ、頭が下がり、礼拝するのです。私を真理に導くはたらきをしてくださっていると感謝して、礼拝するのです。

五、では、亡くなった人を「仏」と呼ぶのは？

仏とは、悟りを得て智慧に目覚めた者ということです。ところが、テレビのサスペンスドラマで亡くなった被害者を「仏さん」と呼ぶことがあるために、これまた誤解が多いのです。仏を、ただたんに亡くなった人のことだと誤解している人が多いように思います。「実家の仏壇で、亡くなった人を仏さまと仰ぎ、手を合わせるじゃないか」と言われるかもしれませんが、でも仏は、たんに亡くなられた人の死後の呼び名ではありません。

仏とは、地球上、いや宇宙のどこであっても、どの時代であっても、変わらない真理（法）です。その真理を悟り、その広大な智慧と深い慈悲の心で、一点の汚れもない尊く美しい存在、その真如そのものを仏というのです。

では、私たち人間が、生きているうちに完全な真理に目覚め、悟りをひらくことなどできるのでしょうか。

出家して、ひたすら仏道に励んでも、簡単なことではありません。ましてや、家庭をもち、仕事をもち、現実社会の煩わしさの真っ只中で生きている人間に、悟りを得て、真理に目覚めることが、可能でしょうか。

生身の人間であるかぎり、欲もあるし、腹も立つ。ですから、完全な仏さまに成ることなど、とてもとてもできません。

親鸞聖人は、「私たち凡夫は、真理に暗く、欲も多く、腹を立てたり、人を妬んだり恨んだりする心が死ぬまで湧き起こるものだ」といっておられます。

現実生活に忙しく、仏道修行どころか、仏さまに目を向けることすらない私たちです。暇があっても、お寺で仏道の話を聞くより、旅行、カラオケ、グルメのほうが楽しい私たちです。真理に暗く、しかも暗闇で迷っていることすら自覚していません。

そういう真理にそっぽを向いている私たちを哀れみ、慈悲の涙を流しながら救いの手を差し伸べてくださる仏さまとして、阿弥陀如来（南無阿弥陀仏）がおられるのです。私が気づこうが気づくまいが、私を大きく包んでくださっているお陰さまのはたらきです。

どこまでも自分中心の思いを離れられないこの私を、なんとか目覚めさせたい。悟りに導き、幸せにしたいと願われている仏さまです。

阿弥陀如来を「親さま」と表現することがあります。子どもに反抗され、背かれても、子どもを心配し見まもる親心に譬えてのことです。

その仏さまの心、仏さまの願いに気づいて、「ああ恥ずかしいなあ」「こんな私のために、ありがたいなあ」と思う。それが信心です。

修行もできないし、かりに少し仏教を聞きかじったとしても、それだけで仏教をわかったつもりになる。また、我執の思いこみに陥る。

そのような、悟りの「さ」の字もない私が、せめて阿弥陀如来に心のアンテナを向けて生きる。脱線しそうな人生を、悟りの世界であるお浄土へと軌道修正しながら、感謝の生活を送る。そのうえで、人間としてのいのちが終わったとき、阿弥陀如来のはたらきによって、仏の世界である浄土に生まれ、仏と完成させてもらうのです。

つまり、故人は阿弥陀如来のはたらき（本願他力）によって、仏と成るのです。

生きているあいだは、阿弥陀さまに大切に願われた一人ひとりのいのちであることに気づく。み仏の温かい慈悲の中にいる安心を得て、仏さまに私の人生をおまかせして、苦しみを乗り越えて生きる。

仏さまにおまかせするとは、私にとって都合のいいことも悪いことも、「ご縁でした」と受け取ることです。また、人の評価、世間の価値観ではなく、仏さまの価値観に問いながら、人生を歩むことです。

そういう人生を生きて、人間としての死をもって、「阿弥陀如来に救いとられ、完全な悟りを得て、阿弥陀如来と同じはたらきの仏と誕生された、真如そのものに成られた」と仰ぐのです。そう受け取らせていただいたうえで、亡くなられた人を「仏さま」と称するのです。

では、生前まったく阿弥陀如来に手を合わせる気持ちもないまま死んだ人は、どうなるのでしょうか。

私にはわかりません。阿弥陀さまの御はからいにおまかせしましょう。おそらく、契約、条件付きではない、慈悲深い阿弥陀さまですから、仏法にそっぽを向いていた人も、または仏法の縁に遇うことなく、まだ幼くして亡くなった子どもさんも、間違いなく救われるでしょう。阿弥陀さまにいだかれて、皆、仏に成らせていただくことができるのですから、安心ですね。

六、仏教の第一歩、それは「私」という自分を知ること

私たちは、人のことはよく気づくのですが、自分のことには気づきにくいものです。たとえば、顔の汚れ、服装の乱れも、自分ではなかなか気がつきません。鏡を見て、初めて「あら、イヤだ。恥ずかしい」と、汚れを拭き取り、服装の乱れを整えることができます。

もし、顔にひどい汚れがついていても、鏡を見なければ、みっともない姿に気づかないのと同様に、私たちの心の汚れは、真如の仏さまという心の鏡に照らされないと、自分では気づくことができないものです。

仏さまの智慧の光に照らされて、初めて恥ずかしいと、自分の姿に気づかされるのです。

私たちは、人のことはよく見えるので、人にはきびしく、自分には甘くなります。自分に都合の悪いことは言いわけし、自分を正当化します。人を批判することは得意ですが、自分にきびしく反省することは不得手です。仕方ありません。目は外に向かってついています。自分を客観的に見ることができないのですから。

いつも主観で生きているのが私であると、当たり前のことを当たり前として、きちんと認識できないのが私たちです。そして、仏を敬うどころか、若さや健康を敬い、お金を敬い、地位や名誉を敬い、我を敬って生活しています。悲しいけれど、それが私たちの現実の姿です。

自分では、「私は常識もあるし、人に迷惑をかけず、真面目にちゃんと生きている」と思っています。

ところが、仏という強力な智慧の鏡に自分の心が映し出されてみると、初めて我欲、我執にとらわれていて、心が濁っていることに気づかされるのです。気づいて初めて、恥ずかしいという気持ちになるのです。

仏の存在が、心の片隅になければ、私たちは我欲のままに突っ走ってしまいます。心の曇りに気づかぬまま、自分の理性をいつも正当化して、それが常識であるかのような勘違いをして暴走してしまうのです。

自分を知るということは、今まで当たり前と思っていたことが、当たり前でなかったと知らされることでもあります。

お金さえあれば幸せですか。健康でさえあれば幸せですか。優しい家族、友人がいれば幸せですか。

でも、お金も健康もあてになりません。愛する家族さえ、あてにはなりません。必ず死に別れねばなりません。しかも、百パーセントの確率です。そういうあてにならないものをあてにして、それが満たされたら、幸せと思っている私たちです。

健康に恵まれている人、ありがたいと感謝していますか。体が不自由なく動かせることを当たり前だと思っていませんか。

家族に恵まれている人、家族に感謝していますか。愛する家族さえ、自分の思い通りに動かそうと、我を張っていませんか。

ほどほどのお金、健康、家族、友人に恵まれていたとしても、喜ぶどころか、愚痴の多い私たちです。

では、お金も、健康も、愛する人も失ったら、どうしますか。絶望だけですか。

このように、自分の心ほどあてにならないものはありません。自分の心ほどもろいものはありません。

人間は、どうしても自己中心なのです。自己中心というのは、「自分はわがままじゃない。いつも人のことを考えて言動している」という、道徳次元での意味ではありません。

自己中心とは、自分の価値観、自分本位の主観でしか物事を見ることができないという意味です。

私は、我執にとらわれて生きている存在なのです。そして、相手も同じように、我執にとらわれて生きている存在なのだと、はっきり受け取ることが、自分を知ることなのです。仏さまによって自分を知らされ、自分を知ることによって仏さまを知るのです。

仏法を学ぶと
立派な優れた人間に
なるのではなく
逆に私の愚かさや
罪深さが明らかに
なってくる
そんな私のための
南無阿弥陀仏

平等とは

没個性ではない
みんないっしょ
ということではない
平等とは
それぞれの
個の違いを
受け入れること
みとめあうこと

Ⅳ　浄土真宗の教えとは、どんな教えですか？

一、南無阿弥陀仏と称えるのは、何のためか

私が結婚前、初めて寺を訪れたとき、夫から、「まず本堂にお参りしてください」と、案内されました。

本堂に二人で並んで、仏前で手を合わせたとき、「ナマンダブ、ナマンダブ」と、将来の夫が念仏するのを聞いて、「オジンくさい」と思った私でした。

当時の私には、お念仏はお年寄りが称えるものというイメージがありましたし、声に出して称えるのはなんだか気恥ずかしく、抵抗がありました。念仏を称えるなんて、今の若者風にいえば、「ダサイ（格好悪い）」「キモイ（気持ち悪い）」という思いがあったのです。おそらく若い人は、念仏に対してそういう感覚をもっているのだろうと思います。

あるいは、念仏を、迷える霊に成仏をうながすための呪文のように勘違いしている人も多いかもしれません。または、願いごとをするときのまじないの言葉という誤解もあるかもしれません。でも、念仏はそういうものではありません。

南無阿弥陀仏を分解して意味を解説すると、「南無」は「帰依する、おまかせする」と

いう意味で、私の人生の拠りどころと仰ぐことをいいます。「阿弥陀」は「量ることができない」という意味で、「無限の空間と時間」「無限の智慧と慈悲」を指します。「仏」は「如来」と同じ意味で、「真如より来たれるもの」をいいます。真如とは、この世界の真実、時代と場所を超えた尊い道理、悟りです。

ですから、南無阿弥陀仏というのは、真如の仏さまを私の人生の拠りどころと仰ぎますという意味なのです。

南無阿弥陀仏には、阿弥陀如来の、私を悟らせたい、迷いから救いとりたいという願いと、仏さまの行が凝縮され、こめられています。そして、私が「南無阿弥陀仏」と称えるのは、「阿弥陀さまの願いが私に届きました。ありがとうございます」という報恩感謝の意味がこめられているのです。

南無阿弥陀仏は、仏さまとの交信の言葉です。

人から呼ばれたら、「ハイ」と返事をするように、仏さまから、私を救いたいというお心を受け取ったら、私は「南無阿弥陀仏」と、仏さまに明るく返事をするのです。どうぞ、恥ずかしがらずに声に出して称えてください。

二、他力本願は人任せの意味ではない

他力本願というと、世間一般では「自主努力の放棄」「人の力をあてにする」「人の言うことを鵜呑みにする」というような意味に誤解されています。しかし、仏教でいう他力本願とは、そういう意味ではありません。

他力本願とは、仏さまの力、仏さまの「私たちを目覚めさせたい、悟らせたい」という願いを意味します。決して、努力せずに人任せにするということでも、棚からぼた餅を願うという意味でもありません。

他力は、よく海に譬えられます。

人生の荒波を泳ぐのは私自身ですが、私を包んで支えているのは、海の力です。自分の力だけを過信して、もがいては、苦しみ沈み、溺れるばかりです。

そのとき、私を包みこむ海の力に気づいて、ふっと力を抜く、海にゆだねると浮くことに気づく。そのうえで、海の力に感謝しながら、安心して楽に泳いでゆくのです。

海の浮力のような、私を支えてくださる仏さまの力、仏さまの願い、お陰さまの力を、

他力本願というのです。仏教において信心の要となる大切な言葉です。だから、人任せの意味で使われるのは、悲しいことです。

三、仏の国・浄土

浄土とは、仏の国、悟りの世界です。たんなる、あの世ではありません。また、死後の暗い冥土でもありません。浄土は、光り輝く明るい仏の世界、さとりの世界です。だから、死者が神に召されて住む国、天国とは、考え方、意味するところが、だいぶ違います。

仏教のお葬式にもかかわらず、お別れの言葉や弔辞のときに、「天国で安らかに」「天国から見まもってください」という言葉を聞くと、「あれれ、故人はお浄土で仏に成られたのではなかったの？　違うところに行っちゃったの？」と、仏教者は思ってしまいます。また、「ご冥福をお祈りします」と、大多数の人がなんの疑問もなく、それを常識のように思って言われますが、冥福という言葉も、その表現には違和感があります。

亡くなられた人は、仏さまの国、浄土に往かれたはずではないのかと。

故人が、浄土ではなく、まだ暗い冥土に迷っておられて、だから「冥福を祈る（暗い冥土での幸福を私たち生きている者が祈る）」というのでしょうか。お浄土の仏さまに向かって、なんと失礼なことでしょう。

マスコミ関係の方は、ニュースなどで著名人の訃報を伝えるとき、結びの言葉で、決まって「ご冥福をお祈りします」と使われますが、視聴者には、いろいろな宗教の方がおられます。キリスト教、イスラム教の方に対しても、あるいは無宗教の（死んだら「無」だと思う）方に対しても、「故人の冥福を祈る」というのは、おかしな表現だと思います。

だから、どうでしょう。「大切な人を失って残念です」「生前のご功績を讃え、謹んで哀悼の意を表します」くらいの表現にしておかれたほうが、どの宗教の人が聞いても違和感なく受け取れると思うのですが。

四、往生、成仏って、死んだ人が生きている人間に祟らないようになること？

浄土に往って生まれることを、往生といいます。悟りの世界に生まれることです。たんに死ぬことではありません。死んでおしまいではありません。

困ったときに「往生する」と表現することがありますが、仏教の言葉では、仏の国に往き生まれることであり、たいへん尊い出来事です。

仏に成ること、悟りをひらくことを、成仏といいます。

ただ、生身の私たち人間が、この身のままで完全な悟りを得て仏となることはむずかしいので、仏さまのお力（他力）をいただいて、人間としての死を迎えたとき、浄土に生まれ、仏と完成されるのです。

それで、亡くなった人を仏さまと呼び、尊ぶのです。

往生、成仏できるのは、あくまでも阿弥陀仏の力です。私たちが故人のために往生成仏を祈ってあげるものでは決してありません。

阿弥陀仏の願い、本願他力によって救われ、お浄土に生まれ、仏に成らせていただくのですから、さまよい祟る霊はありません。

悟りの世界であるお浄土に生まれ、一切の欲も、怨みも、執着もない仏と成る往生成仏ということは、たいへんありがたい、尊い出来事なのです。

五、仏さまの智慧と慈悲とは？

仏の智慧というのは、自分の思いにとらわれず、あるがまま真実を見極める能力です。譬えてみると、人間の心の視野が目の前だけの四五度ぐらいだとすると、仏さまは三六〇度、自由自在に見渡せる智慧をもっておられるということです。

仏の慈悲というのは、楽を与える「慈」と、私たち衆生を哀れんで苦を除く「悲」という二つの心が合わされたものです。つまり、私たちに喜びを与え、苦しみを除くことを願われている心なのです。

私たち人間が、人の役に立ちたい、人を助けたいと思っても、限度があり、微力です。しかし、仏さまの慈悲は、いつでも、どこでも自由自在で、限度がありません。しかも、人間だけにそそがれるものではなく、あらゆるいのちあるものに平等にそそがれる心です。

六、衆生、凡夫って、何のこと？

「衆生《しゅじょう》」というのは、私たち人間だけでなく、いのちあるものすべてをいいます。仏教では、人間だけが特別な存在なのではなく、生きとし生けるものすべてが同じ平等のいのちと考えます。

だから、自分のペットを溺愛し、ハエや蚊、ゴキブリを殺すのも、当たり前と思ってはいけないのです。

人間にとって都合の悪い生きものを人間の都合で殺しているのですから、ハエを叩き殺すときに、ほんの少しでも「ごめんなさい」と、お詫びの気持ちをもつのが仏教者なのです。

「凡夫《ぼんぶ》」というのは、仏教の正理を悟らない者、仏さまのような智慧も慈悲ももち得ない私たちのことをいいます。

「平凡な夫」の意味ではありません。妻も子も、社長も社員も、同僚、友人も、お互いみんな、仏さまの智慧から見れば、ただの凡夫なのです。

七、仏教って、いい人になるための教え？

仏さまに手を合わせ、心を合わせたら、自分の愚かさが見えてきます。だから、反省して、少しマシになる面もあるかもしれませんが、大方は、マシになったつもりになっているだけです。

そもそも「いい人」って、どんな人ですか。私にとって親切で優しい人ですか。私の価値観で好ましいと思える人ですか。

では、私に不親切で、私の好みに合わない人は、本当に悪い人でしょうか。人それぞれ、いい人の基準が異なるかもしれません。

もちろん、だれからも尊敬されるいい人が皆無とはいいませんが、少ないのではないでしょうか。その人も、外面はすばらしいが、家では暴君だったりすることがあります。

仏教は、いい人になる教えではありません。むしろ、自分をよくよく見つめ、自分はいい人ではないと、はっきり自覚する教えです。マシになったなどと思い違いをしてはいけないという教えです。

だからといって、自信喪失し、自虐的に暗く生きる教えでは決してありません。仏さまの智慧によって、己の不完全さを自覚し、仏さまの慈悲の中で、己の不完全さをそのまま認める教えです。

いい人になんてなり得ない、欠点だらけの私だけれど、そのような私だからこそ、仏さまがそばについていてくださるのです。道に迷うなよと、道を照らして、導いてくださるのです。

「信じる者は救われる」と、よくいいますが、仏教の場合、私が信じることでひどい目に遭わないように助けてもらうという意味ではありません。

「救われる」とは、仏さまの願いに気づかされ、私の小さな我という暗闇に仏さまの智慧の光が差し込んで、見えなかった世界が見えてくること。仏さまの慈悲の光に包まれて、ホワッとやわらかく温めてもらうことです。つらい人生も乗りこえる力をいただくことです。

救われるとは
私の我執の闇に
仏智の光が　差し込むこと

八、本物の宗教に出遇ってください

私の心を何も問題にせず、何かに願いごとをすれば、自分に都合よく、自分の悩みが解消されるというのは、明らかに真理に反するおかしな教えです。

「教祖が、霊感、超能力をもっていて、病気を治すことができる。未来を予言できる。自分は悟りを得て、お釈迦さまや神と交信できる」などと聞くと、失礼ながら、私は「うさんくさい」と思ってしまいます。

仏教の宗祖、高僧の方がたは、きわめて謙虚です。私のように、自分ではまあまあだと内心うぬぼれながら、人前で謙虚なふりをする。そのような、まやかしの謙虚さではありません。自分をきびしく見つめた、本物の謙虚さです。偉ぶることも、特別な能力を誇示することも皆無です。

仏教の高僧方は、だれ一人、「自分に力がある」などとは言われていません。「人間に真実はない、仏さまだけが真実である」と、ただ謙虚に仏法を説かれるのです。だからこそ、本物だと思いますし、だからこそ尊敬し、頭が下がるのです。

仏教を説かれたお釈迦さまは、この世の現実のあり方、真実・法を説かれました。この人間世界を生きていくのに、自分の欲のままでは思い通りにならないと。思い通りにならないことが真理なのだと。

自己中心の考え方に陥ると、自分の身に何かつらいことが起こると、人のせい、社会のせい、あるいは霊・祟りのせいにしてしまうのです。そして、自分の都合に合わせて願いを叶えてもらおうと、仏さままで自分勝手に利用しようとするのです。そして、自分の思い通りにならないと、「神も仏もあるものか」と悪態をつくのです。

仏さまは真如です。この世の法則から外れ、あなたの望みだけを聞き入れるわけにはいきません。

この世は、その場、そのときの複雑に絡み合った縁によって、いろいろな事態が起こるのです。その人が道徳的に何も悪いことをしていなくても、災害、事故、事件に遭遇することがあるのです。

できれば、私や私の愛する者は災いを避けたいと願っていても、悲しいことも、つらいことも起こることがあるのです。そういう危ういこの世の現実の中に、私は今、たまたま生かされて生きているのです。

人間が考える、人の運、不運も、人それぞれの価値観や心のもちようで変わります。私から見て、幸せそうな人を羨み、妬んだところで、私の現実は変わりません。しかし、そんな私の心に、仏さまの価値観、仏さまの心が入ったとき、今この現実の私の身のまま、生きるのが少し楽になるのです。

たとえば、この世を一人の人間の体としたら、私はその体を構成する一つの細胞です。細胞といっても、頭の細胞もあれば、いつも全体重を支え踏みつけられる足の裏の細胞もあります。いつも臭い思いをしている肛門の細胞もあります。

では、細胞に優劣があるでしょうか。頭の細胞が偉くて、足の裏の細胞は劣っているということはないでしょう。それぞれ大切な細胞であり、その小さな一つ一つの細胞が集まって体を構成しています。

私には、私のこの世での役割があるのです。私なりに、この世をしっかり生きることです。仏さまの価値観には、世間の価値観のように優劣や、役に立つ、役に立たないと差別するいのちは、一つもありません。

そして、かりに友人、親からまで見捨てられたとしても、仏さまだけは、決して私を見捨てられないのです。私が気づかないだけで、私は今、すでに仏の慈悲の中にいるのです。

くれぐれも、お金があって、健康で、みんなに愛されて、職場、家庭に何も問題ないことが当たり前と、思い違いしないでください。残念ながら、この世は娑婆世界、堪え忍ぶ世界なのです。そして、悲しみ、苦しみがあればこそ、喜びも楽しみも、より深くありがたく味わえるのです。

私たちは、健康、美容、ファッション、レジャーなどには関心があり、人のためにお金を出したくなくても、自分のためにはお金をつぎ込みます。

そもそも、ダイエットに悩むほど食べものに恵まれ、運動不足が指摘されるほど体を動かさずにすむ便利な世の中というのは、なんとすばらしい、ありがたい楽園でしょうか。ところで、私たちが使用する医薬品、化粧品のために、どれほどの動物が犠牲になってくれたか、考えたことがありますか。私たち人間が楽しく便利に生活するために、どれほどの自然を破壊してきたか、考えたことがありますか。

残念なことに、私たちは、お陰さまが見えにくいのです。欲を満たすことばかりに目を向けていては、お陰さまの世界に気づいて感謝し、喜ぶことはできません。

また、今まで、たまたま人生順調に生きてきて、自分の心をやわらかく保つ本物の教えに出遇われていない人は、思いがけない災難や不幸に遭遇したとき、立ち直れないほど落ち込んでしまうか、自暴自棄になるか、人の不幸につけいる偽物の宗教に惑わされる傾向にあります。

だれでも、人生が順調なときは、「オレ（私）流」でいることが可能なのです。でも、苦境に立たされたとき、私の心の奥底が現れます。

そんなときに私を支えてくださるのが、仏さまの力です。

占い、まじないや、人間の身勝手な欲を、そのまま肯定するのは、本物の教えではありません。自分の先祖を大切にすれば、自分に幸運がくるというのも、自己中心の教えです。

くれぐれも、自分を見失って人生の迷子になられませんように。人の言うことではなく、仏さまの言われること、真実を教えに出遇ってください。

V　子どもたちに、そしてあなたに伝えたいこと

一、この世は自分の思い通りにはならないこと

お釈迦さまが言われた「人生は苦なり」とは、この世は、個々の思い通りにはならない、わがままが通らないということです。でもそれは、ため息をついて、「あーあ」と悲観的にあきらめる意味ではありません。

この世は自分の思いのままに動かないというのが現実であり、真実であると、しっかり認識する、覚悟するということです。そのうえで、自分にできることを頑張る、努力するのです。

もしも、失敗したり、自分の努力が報われなくても、自暴自棄にならないでください。この世は、無数の縁によって成り立っています。今回の失敗は、縁がなかったのです。

もちろん、精一杯努力したうえでの失敗ですよ。怠けて失敗したときに、「縁がなくて」という言いわけに使わないでください。

ただ、結果だけを見て「失敗は努力が足りないからだ」という努力信奉主義では、きびしいです。失敗を許さず、相手も自分も責め続けるというのが、努力さえすればすべてう

まくいく式の考え方でしょう。

仏法に基づいた考え方は、自分の周りを宇宙が回っているのではない。大きな宇宙の中の一員が自分なのだから、自分の思い通りに事が運ばないこともあるのだ。たまたま自分の思いが実現できたならば、自分の努力だけを過信して、うぬぼれるのではなく、周りのお陰、恵まれた無数の縁に、感謝しなくてはならないということです。

二、いのちの尊さとは何なのか

いのちが軽く見られる事件が多発しています。テレビ、ゲームの中の死と、現実を混同している子どもが増えていると聞きます。

当たり前のことですが、すべての生きもののいのちには、限りがあります。ゲームの登場人物のようにリセットできない、生まれ変わることもできない、一度きりのいのちです。そして、生まれたからには、だれもが百パーセントの確率で死んでいかねばなりません。それも、年老いて死ぬとはかぎらない。いつ事故にまきこまれて、あるいは病気で失うかもしれないいのちです。だからこそ、生きている今を、大切に生きなければならないのです。そのようないのちの事実を、あらためて子どもたちに話さなければならない時代のようです。

いのちは、当人だけのものではなく、何億年と続いてきたいのちのつながりを引き継いでいます。両親、その両親にもそれぞれ両親がいて（祖父母）、その祖父母にもまたそれぞれに両親がいるのです。計算してみてください。先祖と、一口に言いますが、私一人のいのちに、いったい何万人、何億人の先祖の縁がつながっていることでしょう。

また、私のいのちは、血のつながりだけではありません。私を支えてくださっているたくさんのやさしい思いに包まれた、尊いいのちです。だから、自分のいのちをどうしようと自分の勝手だと、いのちを私物化してはならないのです。

また、言うまでもなく、自分の身勝手な考えで他のいのちを害することは、決して許されないことです。

今の時代、恵まれすぎて、生きる気力を失っている子どもがたくさんいます。人間として一番大切なことを教えられていないので、心が育っていない子どもがいます。すべてに鈍感で、感動も、感謝もないのです。

また逆に、対人関係に過敏すぎる子どももいます。自分を肯定できないのです。傷つくことに怯えすぎています。

いずれの子どもたちも、いのちの重みがわかっていないので、簡単に死を考えます。

でも、ちょっと待ってください。生きることが面倒だと思ったとしても、あるいは、どんなに悲しく、苦しいことがあったとしても、たとえ「死んだらどんなに楽になれるだろう」と絶望の中で思ったとしても、自死しないで、生き抜いてください。

つらいとき、また「何のために生きているのだろう」と無気力に感じたときは、仏さまの前に座ってください。仏さまは、あなたと一緒に泣いてくださいます。そして、励ましてくださいます。

自殺は、最大のわがまま、周囲のお陰への裏切り、恩知らずです。

一人では何もできない赤ん坊のときから、親あるいは親に代わる保護者が、どんなに手をかけ、愛情をそそいで大切に育ててくれたかを、忘れてはなりません。

家族にかぎらず、今ここまで生きてきた中で、直接、間接にも、お世話になった人たちのことも忘れてはなりません。いったい、今までどれほど多くの人たちに支えられ、護られて生きてきたことでしょう。

また、自分の食欲を満たし、自分のいのちを維持するために犠牲になってくれた、数えきれない動植物のいのちに対して、自分のいのちを粗末にすることが、どんなに申しわけないことか、気づいてください。

またさらに、病気や事故などで、生きたくても生きられず、亡くなって往かれた人たちに対し、自分でいのちを絶つとは、なんと失礼で申しわけないことか、気づいてください。

だれも代わることができない自分のいのちを、自分なりに精一杯生かすことが、たくさんのお陰さまに対する恩返しであることを、仏さまに教えてもらってください。

自分のいのちがどういうものなのか実感できれば、おのずから他のいのち、人間だけでない、動植物のいのちに対しても、尊重できる子どもに育つのだと思います。

「なぜ人を殺してはいけないのか」という愚問を口にするほど、いのちに鈍感になっている子どもは、かわいそうです。

そんな子どもたちに、「人はみな支え合って生きているのだから、つらいこと、淋しいことを、自分一人で抱え込まずに、だれかに話しましょう。声をかけ合いましょう。あなたは一人ではないのです。あなたが気づかなくても、みんなとつながり合って生きているのです」と伝えたいと思います。

代わりのない
一人ひとりの
いのちを
大切に輝かそう

「関係ない」と言うけれど

自分が生きていることに
たくさんの方が
かかわっていてくださる
自分のすることが
たくさんの方に
影響をおよぼす

三、いじめはカッコ悪いし、とても恥ずかしいこと

みんな自分とは違うのだから、だれ一人同じではないのだから、それぞれの思いや考えがぶつかって、腹が立ったり、喧嘩になったりします。それは仕方ありません。

そんなときに、すぐお互いに反省できるか、素直にあやまり、許し合えるかが、大切なことだと思います。

そもそも、お互いに「自分は悪くない」と思うから、喧嘩になるのです。

昨今問題となっている「いじめ」ですが日常、ちょっとしたからかいは起こりうることです。しかし、自分が気に入らないから、いつまでも無視する。仲間まで引き入れて、口もきいてあげない。自分のストレス解消のために弱いものをいじめる。集団でおもしろがって、いじめる。これはいきすぎです。とても醜い行為です。

いずれも、いじめる側の心の貧弱さ、許容量のなさを宣伝しているのと同じことです。「私は、気に入らなければ仲間をいじめるような、心の狭い、幼稚で恥ずかしい人間なのですよ」と。

それぞれ顔や姿形が異なるように、一人ひとり能力や感性も違います。そしてお互い、にがてな相手もいます。

しかし、自分がイヤだからとその場の自分の感情のまま、相手の尊厳を傷つける言動をするのは、極めて幼稚で恥かしいことです。いじめのもとは、自己中心の考え方にあります。相手を尊重できない、心の貧しさにあります。それをしっかり認識してお互い、もっと心の広い、寛容な大人を目指しましょう。そして、陰湿ないじめをするような人を、「心が狭いのね。まだ幼稚なのね。もうやめようよ。恥ずかしいよ」と、みんなでやめさせるようにできれば理想ですね。

四、人の立場に立ってものを考えてみるということ

いつも相手の立場に立って相手の気持ちを想像してみることが大切なのですが、これはむずかしいことですね。

完全に相手の気持ちをわかるということは、まず無理です。私も、自分が気づかないところで人を傷つけ、迷惑をかけているようなことが多々あります。それは間違いありません。

自分で、人の気持ちに共感しようと気をつけていても、善意の押しつけや、よけいなお世話になったりします。また、相手にこちらが意図しないような受け取り方をされたり、相手にとって、非常識な言動をしてしまったり、迷惑をかけてしまうこともあるのが、お互いです。

だからこそ、ただたんに人に迷惑をかけるなと、子どもに教えるよりも、

「人は、迷惑をかけまいと思っても、迷惑をかけてしまうものだ。だから、せめて自分で気づく程度の迷惑は、かけないように気をつけよう」

「自分も迷惑をかけてしまうことがあるのだから、人から受ける少々の迷惑は許してあげよう」

と、そのように教えるのが仏教者だと思います。

現代、人間関係が希薄だと言われています。人への共感は、人と人の関わりの中で、子どものうちに自然と学ぶものだと思います。

核家族で、家庭内に気遣いを必要とする年寄りがいない、家庭内に親の友だちが遊びに来ることもない、親戚付き合いも近所付き合いも面倒くさい。休日も、親は自分のしたいことをし、子どもは子ども部屋でパソコンばかりしている。もし、そういう家庭があったら、意識してもっと人との交流を大切にしてください。お子さんのためです。

五、「いただきます」「ごちそうさまでした」「お陰さまで」

現代でも、世界の中には、食べものがないために餓死している人が数多くいるという現実があることを忘れてはいけません。

日本では、商店、スーパー、コンビニへ行けば、食料品が山積みになっています。これは、たまたま現代の日本がとても恵まれた生活をしているからであって、決して当たり前のことではありません。

お金さえ出せば、何でも手に入る。自分がお金を出して買ったものに、ありがたいという感謝の気持ちは、まったく見られません。そういう人が増えました。

だからこそ、決して忘れてはならない言葉があります。「いただきます」「ごちそうさま」「お陰さまで」の言葉です。

日本人が食事の前に手を合わせて「いただきます」と口に出して言うことは、大切なしつけ、美しい姿です。

私たちが食べるのは、生きもの（動物、魚貝類、穀物、野菜、果物）のいのちです。私たちの食欲を満たすために犠牲になってくれた動植物のいのちを、いただいて生きているのです。自然のいのちに対して、感謝とお詫びの気持ちをもって、食前に「いただきます」と、手を合わせるのです。

また、その食事が私の口に入るまでには、たくさんの手間がかかっています。農家、畜産業の人、漁師さん、それを運ぶ運送業の人、肉魚をさばいて消費者が求めやすいように作業するお店の人、それを買ってきて調理してくれた人。さらに、蛇口をひねれば水が出て、スイッチを入れれば電気やガスを使えますし、調理器具や食器を作ってくれた人など、膨大な数の人たちの働きのお陰で、私たちは食卓につくことができるのです。

おしゃれなレストランで食べるステーキも、もしも自分で牛を育て、殺し、皮を剥ぎ、肉を切る作業をしなければならないとしたら、どうでしょう。そういう作業をしてくださる人がおられるからこそ、私たちは着飾って優雅にワインでも飲みながら食事ができるのです。

私たちがレストランで気づいてねぎらうのは、せいぜいおいしい料理を出してくれたシェフ、あるいはお店のスタッフに対してです。いや、その感謝すら、「お金を払っているのだから当然じゃないか。何を感謝することがあるか」と、考える人がいるかもしれません。

そのような、私たちが忘れがちな陰の力に感謝する言葉が、「お陰さまで」なのです。

そして、私がおいしく食事ができたのは多くのお陰でしたと、感謝の気持ちで言葉に出すのが、「ごちそうさまでした」です。

食事は、人間生活の基本です。美しい言葉を、感謝の心をこめて言いましょう。そして、その心を子どもたちにも伝えましょう。

六、罪悪感

そもそも刑事上の罪を犯さないのは、罪が発覚して捕まったら、自分の一生に大きな汚点を残すことになるのが嫌で、つまり自分が損をするから罪を犯さないのか、それとも相手を思いやって、また自分の心に恥じて、罪を犯さないのか。この違いは大きいと思います。

たとえば、子どもの万引きを、罪悪感もなく、「たかが万引き」ととらえるのは、とんでもないことです。万引きも立派な犯罪です。もし、だれにも見つからずに万引きをしたとしても、心に汚れがつくのです。自ら進んで心に汚れをつけることは、自分を大切にしていないことになります。自分のいのちの尊厳を汚しているのです。

ずるいことをしてもうかったと、一時的に思っても、美しいさわやかな心にはなれないでしょう。バレなければ何をしてもいいという考え方では、自分のいのちを粗末にしていることになります。

大人の世界でも、高学歴、エリートと呼ばれる人たちの中に、詐欺、偽装、汚職事件などが多発しています。「この世は、そんなきれいごとを言ってはいられない。勝つか負けるかだ」と考えている人もいるでしょう。でも、自分のいのちの尊厳を傷つけてまで人に勝つことに、何の意味があるのでしょう。人生の勝ち負けは、お金や名誉ではかるものでしょうか。

地道に生活して、お金持ちになる縁がなかったとしても、その人は人生の負け組では決してありません。自分の仕事に誇りをもって、穏やかな気持ちで生活できること、それこそが人生の勝ち組だと、私は思います。

七、愛はすばらしいことなのか

愛という言葉が、恋すること、人を好きになることという意味で使われ、この世で一番すばらしいことのように言われています。でも、ちょっと、愛するということを考えてみてください。

結局、愛という名のもとに、相手に好意をもっている自分を愛し、相手が自分の思い通りに言動してくれることを期待しているのではないでしょうか。

愛するということが、本当に相手のことを尊重し、相手の立場に立って大切に思っているわけではないというようなことが多々あります。

仏教では、愛は執着ですから、煩悩の一つと考えられています。あまりいい意味には使われません。

自分のことをさしおいて、相手に尽くす自己犠牲の愛、友情もありますが、突き詰めてみれば、自分の愛しいもの、自分にとって大事なものだけを大切に思って、相手に尽くすのです。

そのとき、自分の嫌いな人は、どうでもいいのです。自分の大切な人さえ幸せならば、あとは関係ないのです。これは、突き詰めてみれば、やはり執着、自己愛であって、仏教の慈悲とは異なります。慈悲とは、すべての人、ものに、平等に慈しみの心をもつことです。執着を離れた心です。

人を好きになること、愛することが、悪いことだとは言いません。人間として、自然な感情ではあります。ただ愛は、身勝手な自己愛になりがちであるということに気をつけたいと思います。

一時の感情のまま暴走しないように、相手のことも、自分のことも、お互いを本当に大切に尊重したうえで、よいお付き合いをしてください。

八、「お金で買えないものはない」と思っているあなたへ

あなたは今、幸い若くて健康だからこそ、お金を拝む拝金教を信奉して生活できるのです。

でも、人生一寸先は何が起こるかわかりません。あなたは、事故に遭って不自由な体になるかもしれません。突然、病に倒れるかもしれません。いつ死がおとずれるかもわかりません。

一人ひとりのこのいのちは、代わりのきかない、どんなに大金を積んでも買うことができないいのちです。そのいのちが、人生の根本ではないのですか。わかりきったことなのに、案外忘れていませんか。

たしかに、お金があれば、何でも買えるでしょう。物欲は、ある程度満たされるかもしれません。でも、人の心は買えません。たとえ、人の心をお金で買ったように錯覚しても、相手はあなたのお金に頭を下げているだけで、あなたに頭を下げているわけではありません。

いのち、本当の幸せ、思いやり、尊敬、自然の美、伝統の美、お金で買えないものは、たくさんあります。そして、お金で買えないもののほうが、はるかに価値があり、尊いのです。

九、「自分は大切にされてない」と思っているあなたへ

人はみな、愛されたいと願っています。なかには、「私はだれからも大切にされていない」と、ひがんでいる人もいるかもしれません。

では、あなたは人を大切にしていますか。

それも、自分の都合と思いこみによる押しつけのやさしさではなく、相手の立場に立って、その人を気遣い、思いやっていますか。

自分は何も変わらずに、悪いことはすべて周囲のせいにして愚痴ばかり言っていたのでは、そばにいても楽しくありませんから、だれも寄りつきませんよ。

それでいながら、自分だけ「みんなから大切に気遣ってもらいたい」と期待するのは、いささか甘えすぎではないでしょうか。

まず、あなたから人に笑顔と「ありがとう」の、あたたかい言葉をかけてあげてください。

十、自分が受けた迷惑に腹を立てて文句を言う人へ

たとえば、自分が乗ろうと思っていた電車が何かのトラブルで遅れたとき、駅の職員に対してものすごい剣幕で文句を言っている人を、ニュースなどで目にします。

急いでいるのに予定変更を余儀なくされて、うろたえるという気持ちは、よくわかります。だれだって困るでしょう。

でも、駅の構内で職員に鬼の形相でくってかかっても、電車はトラブルが解決するまでは走りません。文句を言って職員を責めても、どうしようもないことです。それでも、若い職員が泣きたくなるほどまでに当たり散らさなければ気が済みませんか。

トラブルが解消しなければ電車は走らない。困るけれども、これが現実です。やむをえません。現実を静かに受けとめましょう。

世の中、お互いさまです。自分も、気がつかないところで人に迷惑をかけているものです。

あなたが捨てた煙草の吸殻や空き缶も、掃除をしてくれる人がいるからこそ、街の中が

ゴミだらけにならずに、快適に過ごせるのです。
私も、たくさんの人に迷惑をかけて生きています。自分だけが人からを迷惑をかけられているのではないということを、よくよく自覚して、生きてゆきたいと思います。

周囲に我慢され
許されて
生きている私
同じ凡夫のお互い
許し合おう
感謝しよう

何気なく言った一言が
人の心を
傷つけることがある
それに気づけば
あやまることもできるが

私には気づかぬことが
たくさんあるだろう
「ごめんなさい」

十一、まじめで頑張りすぎて疲れているあなたへ

仏教にたずねれば、苦しいこと、悲しいことも、少しは気が楽になります。ほんの少しかもしれません。でも、仏教にまったく無縁というのとは、生きていくうえで大きな違いがあります。

あなたは、すべてを「こうでなくてはならない」と思いこみ、頑張りすぎてはいませんか。

あなたは、自分のことを過大評価して、プライドばかりが高くはありませんか。

あなたは、少しの失敗で過剰に落ち込んで、自己嫌悪に陥ってはいませんか。

あなたは、人の目や人の評価ばかりを気にしてはいませんか。

完璧なのは仏さまだけで、完璧な人間など、どこにもいません。だれもが欠点をもっています。努力して改めることができるのならば言うことはありませんが、自分でわかってはいるけれど、どうしようもないという欠点もあります。あるいは、まったく自覚できていない欠点もあります。自分ではどうしようもない欠点も、丸ごと私です。それを否定し

ては、生きてゆけません。

私は私でいいのです。そんな、どうしようもない私のために、阿弥陀さまがいつもそばについていていてくださるのです。

自分にできることを、できるときに精一杯やれば、それで十分です。それぞれが各々の持ち場で、自分にできることを楽しんでできれば、それが幸せです。

失敗してもいいじゃない
元気にやりなおそうよ
仏さまの価値観に
勝った、負けたは
ないのだから

あたたかな
仏の慈悲に
つつまれて
背伸びもせず

身を飾ることもなく
私は私のまま
輝いて生きる

あとがき

普通の家庭に生まれ育った私が、何を間違えたか住職後継者の妻となり、「お寺の奥さん」となりました。結婚前は仏教に無知、無関心でしたから、お寺という別世界で生活することは、戸惑うことばかりでした。

必要に迫られて仕方なく、仏教を学び始めました。最初、仏教を心ではなく、自分の頭で理解しようとしましたから、素直に教えが身につくはずもありません。「なにが浄土だ」「なにが救いだ」と、反感、疑問をかかえながらの学びでした。

お寺に住む者の役目上、いろいろな法座にお参りし、たくさんのご講師のお話を聞かせていただきました。仏教書も読みました。専門の通信教育も受講しました。こうして、繰り返し仏法にふれているうちに、やがて自分がいかに傲慢に生きてきたか、どれほど身勝手な思いこみにとらわれて物事を見ていたかに気づかされました。また、人のことを批判ばかりしていましたが、実は自分のことを一番わかっていないのが、自分自身なのだとも認識させられました。

「仏を知る」ということは、「自分を知る」ということでした。

仏教が大好きになった私は、やがて厚かましくもありがたいことに、僧侶に成るご縁に恵まれました。今は、「仏教に出遇えて本当に幸せです」と、本音で言動できるようになりました。

そして、仏教の知識がゼロどころかマイナスからスタートした私だからこそ、仏教を誤解されている皆さんに、何かお伝えできるのではないかと、大それたことを考えるようになりました。僧侶の資格をいただいただけで、たいして仏教の勉強をしていない私ですが、仏教に対する世間一般の誤解を解きたい、お寺に関する悪いイメージを払拭したいという気持ちばかり高じました。

ここに書いたことは、今まで私が聞かせていただいたことの受け売りです。あるいは、尊敬するひろさちや先生の数多い著書、あるいは真宗の先生方の出版物に学ばせていただいたものです。それを自分なりに書いて、来寺されるご門徒の皆さんに配布してきた文章と自坊山門の掲示板に月替わりで掲げている言葉を少し加えてまとめたものです。

このような素人の拙文の出版をお引き受けいただき、ご助言、ご指導いただきました法藏館の西村七兵衛社長はじめ、和田企画の和田真雄社長に、大変感謝申し上げます。本当にお世話さまになりました。厚く御礼申し上げます。

私は、まだまだ仏法を聞いているようで、聞こえていないところがあります。つい偉そうなことを書いてしまいましたが、未熟なりに仏教のすばらしさ、ありがたさをお伝えしたい一心ですので、お許しください。教義上、至らぬ点は、ご指摘、ご指導をお願い申し上げます。

まずはお寺に疎遠な皆さまに、仏教に対する間違った思いこみを解いて、仏教に親しみをもっていただきたい。そして、やがて「この教えに出遇ってよかった、生きるのが楽になった」と喜んでくださるお仲間が、一人でも増えてくださることを心から願っています。

今後も、いのち終わるまで仏法にたずね、生かされ生きてゆきたいと思います。つらい悲しみも喜びも、すべてに感動しながら年を重ねることで、さらに仏法の味わいが深まるのだと確信しています。

この本を手にとっていただいた皆さま、本当にようこそ、心から御礼申し上げます。ありがとうございました。　合掌

二〇〇六年一一月

撫尾巨津子

撫尾巨津子（うつお　みつこ）

1954年　福岡県直方市に生まれる
1977年　京都女子大学文学部卒業
1981年　結婚し法専寺に入寺

お寺は何のためにあるのですか？

二〇〇七年二月一〇日　初版第一刷発行
二〇二〇年七月三〇日　初版第八刷発行

著　者　撫尾巨津子
発行者　西村明高
発行所　株式会社　法藏館
京都市下京区正面通烏丸東入
郵便番号　六〇〇-八一五三
電話　〇七五-三四三-〇〇三〇（編集）
〇七五-三四三-五六五六（営業）

印刷　プラネット・ユウ／製本　清水製本所

ISBN 978-4-8318-8936-2 C0015

何のために法事をするのか	中川専精著	一、〇〇〇円
やわらか子ども法話	桜井俊彦著	一、〇〇〇円
子どもに聞かせたい法話	仏の子を育てる会編著	一、〇〇〇円
ホッとひといき 川村妙慶のカフェ相談室	川村妙慶著	一、二〇〇円
私でも他力信心は得られますか？	和田真雄著	一、〇〇〇円
神も仏も同じ心で拝みますか	譲 西賢著	一、〇〇〇円
老いて出会うありがたさ	圓日成道著	一、〇〇〇円
僧にあらず、俗にあらず	宮城 顗著	一、二〇〇円
自覚なき差別の心を越えるために	宮城 顗著	一、二〇〇円
後生の一大事	宮城 顗著	一、〇〇〇円

価格税別

法 藏 館